COLLECTION

# BRAQUENIÉ

# Belles Tapisseries

ANCIENNES



PARIS 1897

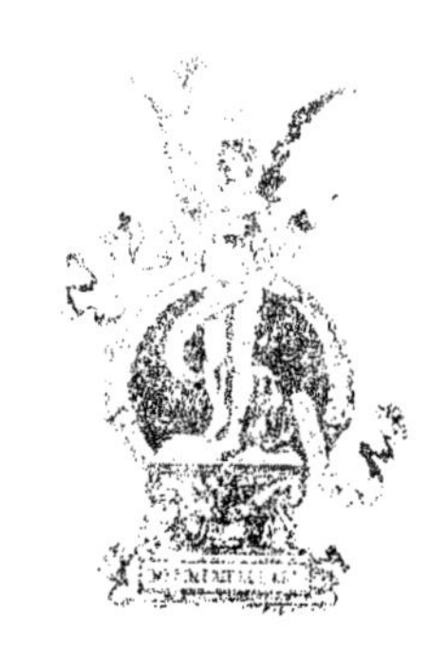

# CATALOGUE

DE

TRÈS BELLES

# TAPISSERIES ANCIENNES

DES

**GOBELINS ET DE BRUXELLES**

**QUATRE PIÈCES DE LA TENTURE DES INDES**

ET AUTRES

**Des Ateliers de Lefébure, de La Planche et de Gérard Peemans**

DEUX PANNEAUX DES GOBELINS DU TEMPS DE L'EMPIRE

*Composant la Collection particulière de*

## M. H. BRAQUENIÉ

ET DONT LA VENTE AURA LIEU

***Par suite de son décès et en vertu d'ordonnance***

**HOTEL DROUOT, SALLES Nos 5 & 6**

**Le Mardi 18 Mai 1897**

A 4 HEURES 1/2

---

COMMISSAIRES-PRISEURS

| Me P. CHEVALLIER | Me MAURICE MOTEL |
|---|---|
| 10, rue de la Grange-Batelière, 10 | 3, rue Rossini, 3 |

EXPERT

**M. B. LASQUIN, 12, rue Laffitte, 12**

*Chez lesquels se trouve le Catalogue*

---

## EXPOSITIONS

PARTICULIÈRE : *Le Lundi 17 Mai 1897, de 1 h. 1/2 à 5 h. 1/2*

PUBLIQUE : *Le Mardi, jour de la Vente, de 1 h. 1/2 à 4 h. 1/2*

## CONDITIONS DE LA VENTE

Elle sera faite au comptant.

Les acquéreurs paieront *cinq pour cent* en sus des adjudications.

L'exposition mettant le public à même de se rendre compte de l'état et de la nature des objets, il ne sera admis aucune réclamation une fois l'adjudication prononcée.

Paris. — Imp. de l'Art, E. Moreau et Cie, 41, rue de la Victoire.

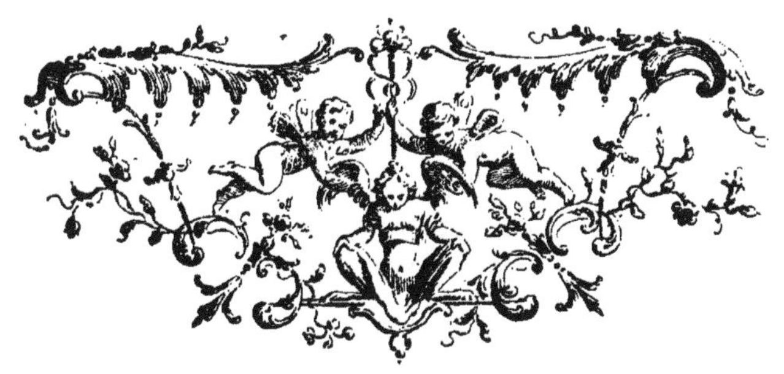

# DÉSIGNATION

1 à 4 — Suite de quatre très belles tapisseries des Gobelins, de l'époque Louis XIV, de la célèbre série dite « Tenture des Indes », exécutées d'après les cartons de Desportes.

Elles sont encadrées de bordures à feuillages, postes et rubans enroulés en camaïeu ocre sur fond bleu.

1° *Le Tir à l'arc ou les Pêcheurs indiens.*

Sur un talus planté d'un bananier et d'une riche végétation de plantes, de fleurs et de fruits, courges, ceps de vigne, etc., baigné par une rivière, un Indien tire à l'arc sur des oiseaux voltigeant; près de lui, une femme de couleur est assise et présente de la main gauche une corbeille de fruits ; une autre corbeille est à terre.

Au premier plan, deux autres Indiens, à mi-corps dans la rivière, relèvent leurs filets.

Au fond, à droite, la vue s'étend au loin sur un vaste paysage.

Haut., 4 m. 70 cent.; larg., 3 m. 25 cent.

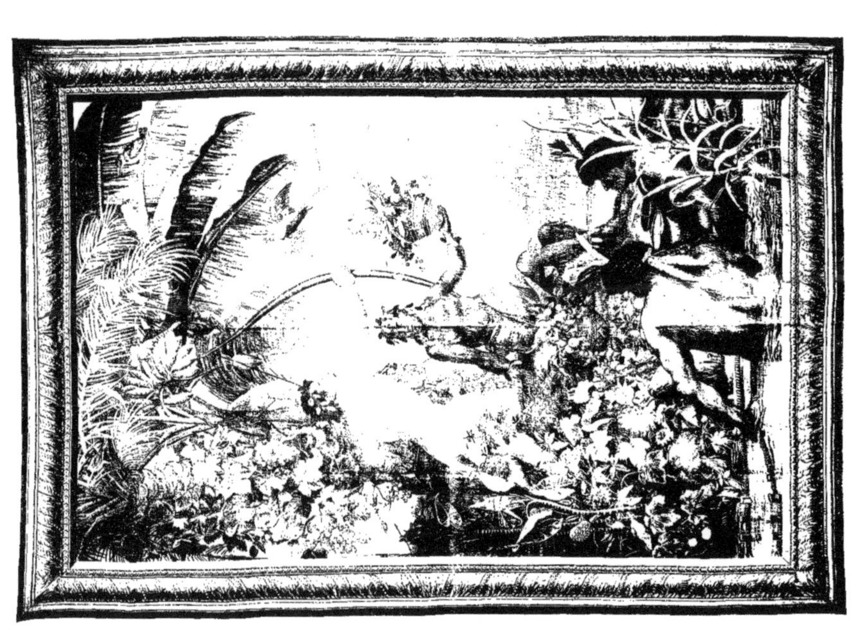

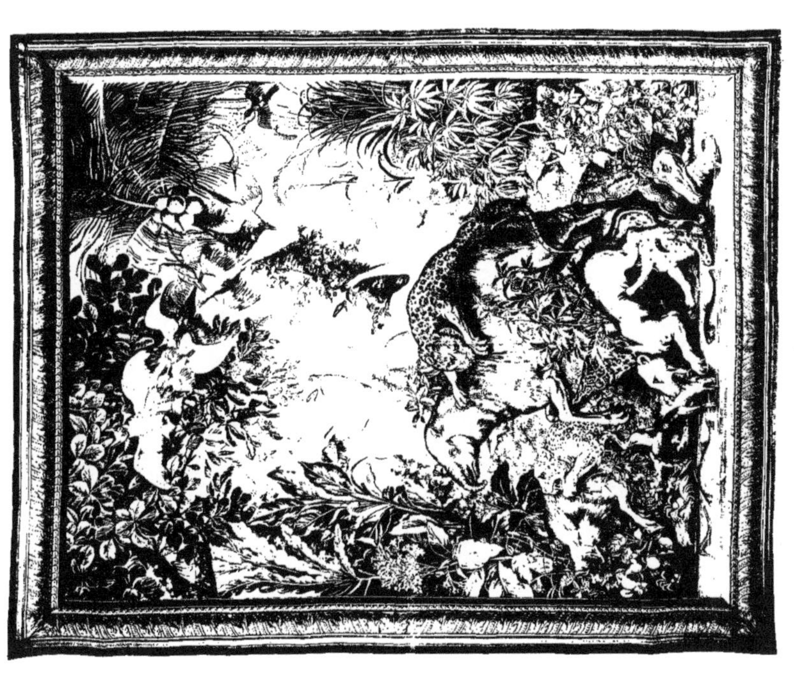

5200. — 2° *Le Combat des animaux.*

Dans un site d'une végétation luxuriante, au bord d'un cours d'eau où nagent des carpes, une panthère s'est élancée furieusement sur un tapir; à gauche, une autre panthère attaque un sanglier. Au milieu, une sorte de molosse combat deux animaux renversés. A droite, un crocodile dévore un castor; derrière ce groupe deux autruches effarées, les ailes déployées.

Une chouette et huit oiseaux, aux plumages multicolores, voltigent sous les branchages.

Haut., 4 m. 70; larg., 3 m. 85 cent.

3° *Le Roi porté par deux Maures.*

Un chef de tribu, tenant un parasol ouvert, est assis dans un hamac porté par deux nègres ; en avant, deux béliers et un oiseau aquatique. Au bas, un radeau chargé de poissons divers ; à droite et à gauche s'élèvent des palmiers dans lesquels se jouent trois singes et voltigent des oiseaux.

Haut., 4 m. 70 cent.; larg., 3 m 25 cent

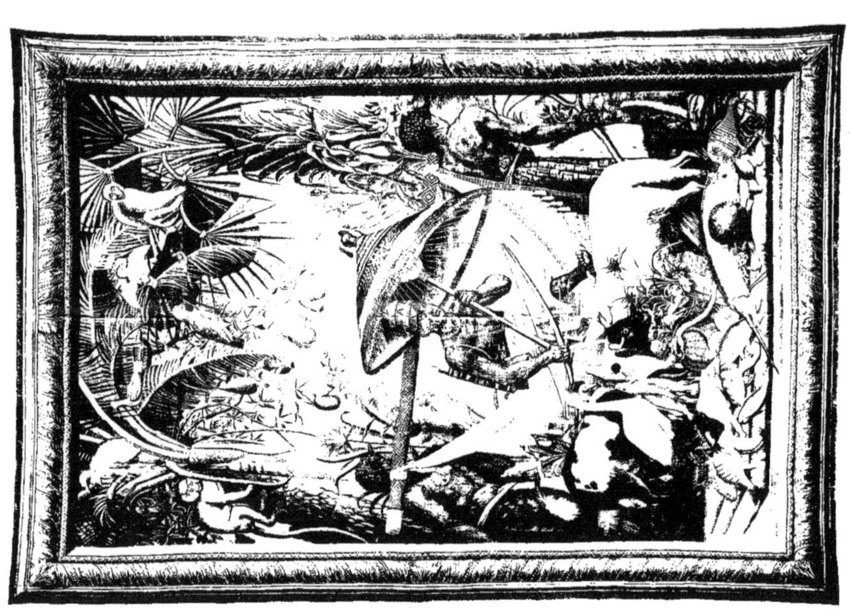

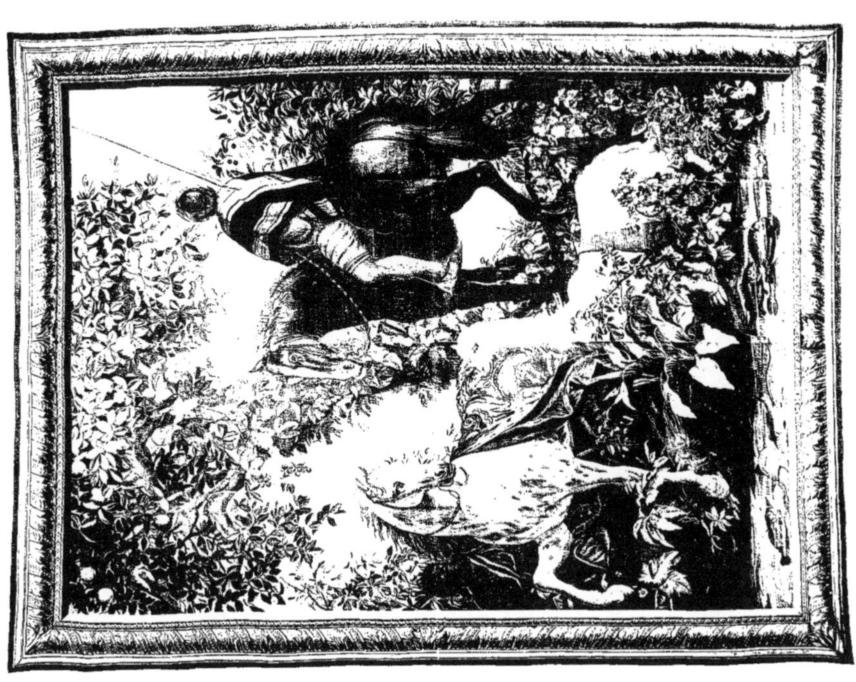

4° *L'Indien à cheval.*

Sur la rive d'un cours d'eau plantée d'arbustes fleuris : mûriers, groseillers, framboisiers, entre un cerisier et un pêcher chargés de fruits, un Indien, vu de dos, est monté sur un cheval noir et regarde l'horizon borné par la mer. En avant, à gauche, un cheval pommelé, couvert d'un riche caparaçon, est retenu par un négrillon. Deux lamas, l'un blanc l'autre brun, les suivent.

De nombreux poissons sillonnent le cours d'eau au premier plan.

Haut., 4 m. 70 cent.; larg., 3 m. 60 cent.

8600.—

5-6 — Deux tapisseries des Gobelins exécutées sous le Premier Empire, d'après des cartons de Guérin, et représentant des sujets tirés de l'histoire de Psyché :

1° *Psyché reçoit des mains de l'Amour le coffret destiné à Vénus.*

Haut., 3 m. 55 cent.; larg., 3 m. 5 cent.

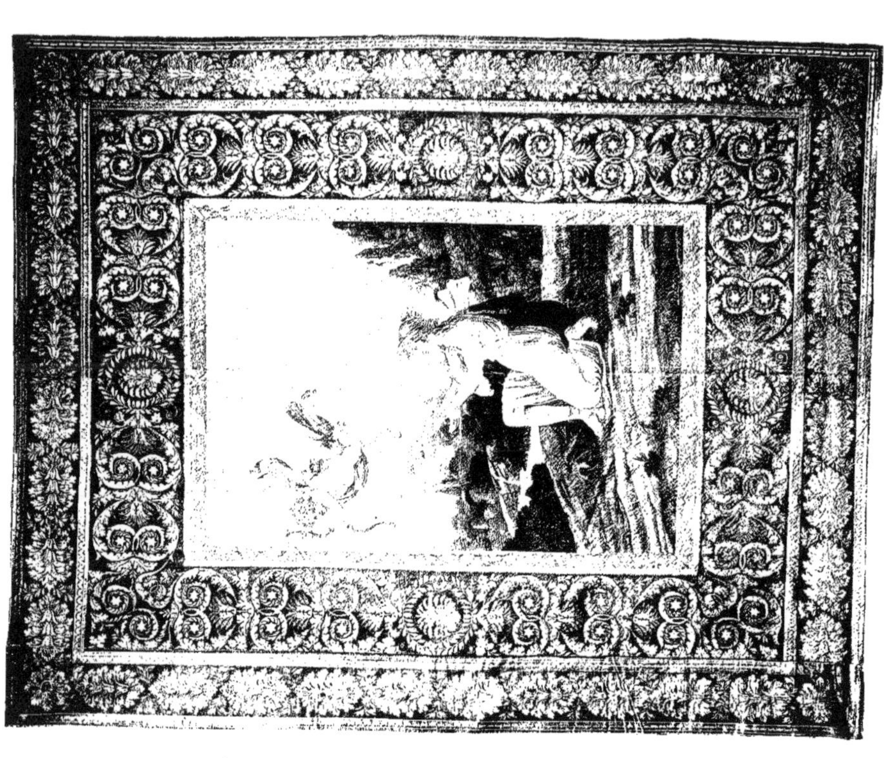

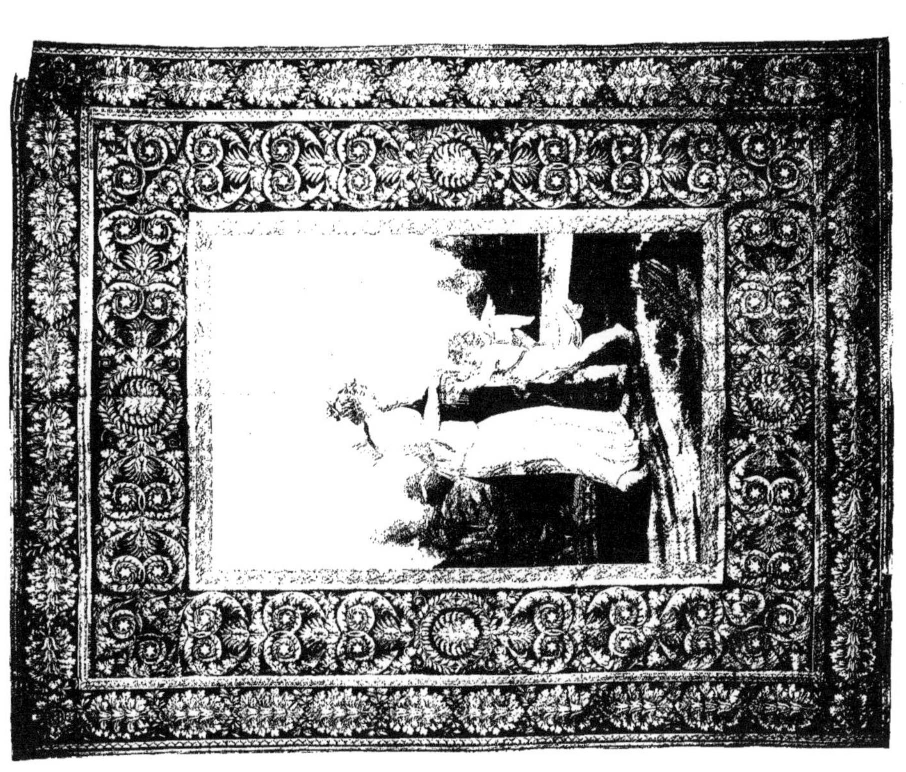

2° *Le Désespoir de Psyché devant la fuite de Cupidon.*

Haut., 3 m. 55 cent.; larg., 2 m. 50 cent., y compris une partie de la bordure gauche repeinte.

Ces deux sujets sont représentés dans des paysages boisés avec rivières.

Ils sont entourés d'un double encadrement, l'un à larges rinceaux et couronnes en grisaille sur fond vert, le second à feuillages en camaïeu jaune.

7-8 — Deux tapisseries exécutées à Paris vers le milieu du XVIIe siècle dans les ateliers de Lefébure et représentant :

1° *L'Enlèvement des Sabines.*

Haut., 3 m. 30 cent.; larg., 4 m. 60 cent.

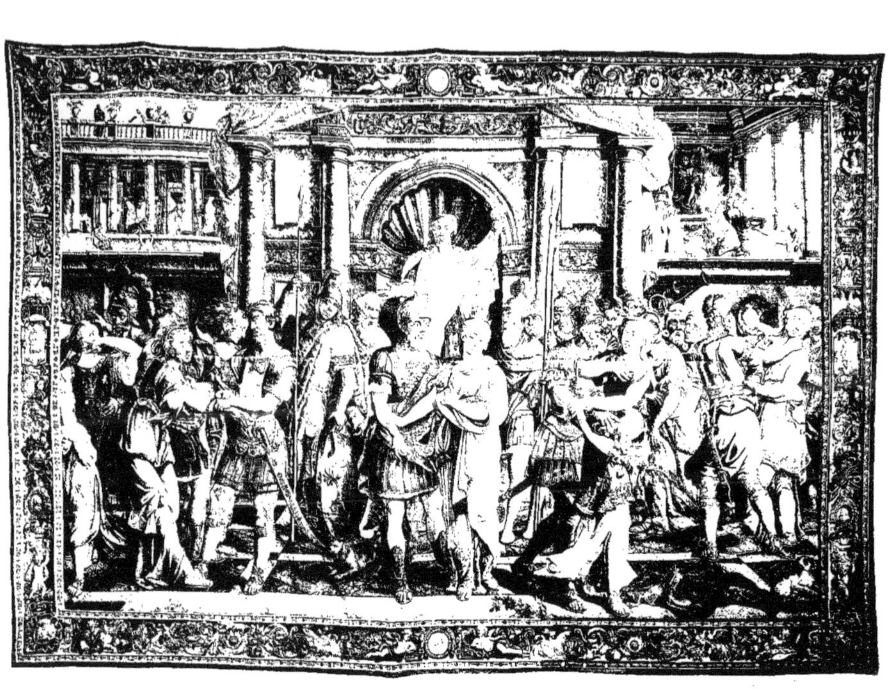

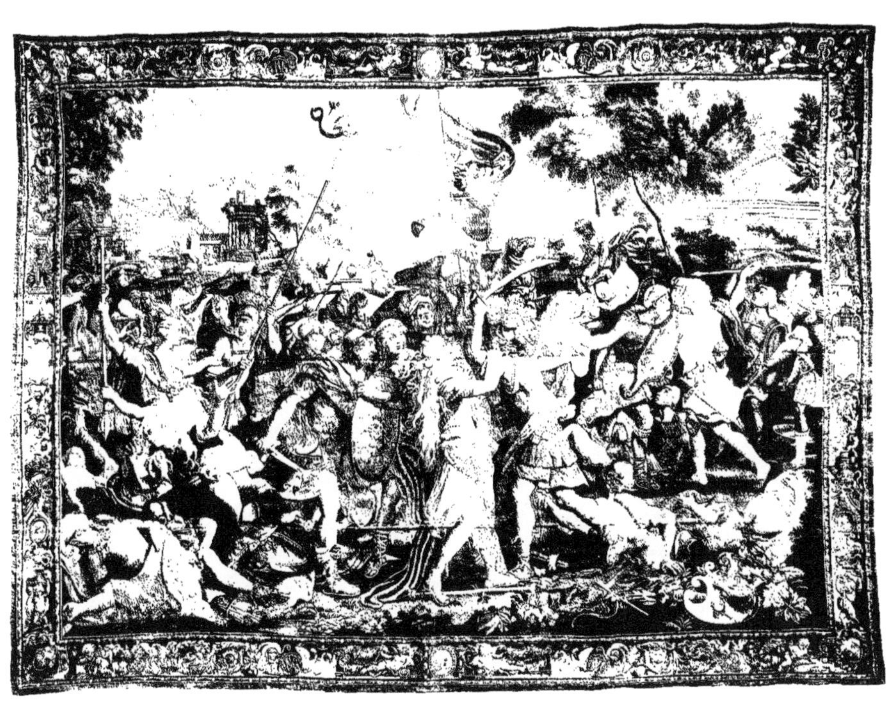

2° *Le Combat des Romains et des Sabins interrompu par les Sabines.*

Ces deux pièces qui figuraient dans l'inventaire des meubles du cardinal de Mazarin (Voir Eug. Muntz : *Histoire générale de la Tapisserie*, page 115) sont d'une admirable composition comprenant de nombreux personnages.

Elles sont encadrées de magnifiques bordures offrant des figures d'enfants nus dans des ornements de rinceaux entremêlés d'oiseaux, de trophées, de cartouches, de dais, de dauphins et de cygnes, avec mascarons aux angles inférieurs.

Haut., 3 m. 30 cent.; larg., 4 m. 30 cent.

9 — Tapisserie de Bruxelles exécutée dans les ateliers de Gérard Peemans. (*Marque* B (écusson) B et G. PEEMANS.) D'après un carton commandé en 1607 par un sieur Georges Ghuys à l'artiste Jean Snellinck le vieux.

Cette pièce, mentionnée par M. G. Guiffrey dans son *Histoire de la Tapisserie*, page 376, représente une chasse de Zénobie, reine de Palmyre, suivant l'inscription contenue dans un cartouche, dans le haut de la bordure, ainsi traduite :

*Zénobie, partie pour chasser des chamois et des cerfs, s'empare d'ours et de lions.*

Belle composition très mouvementée, entourée d'une très jolie bordure composée de larges guirlandes de fleurs et de fruits, reposant sur des paons aux angles supérieurs et dans lesquelles se jouent deux figures d'enfants sur les côtés.

Haut., 4 m. 10 cent.; larg., 4 m. 85 cent.

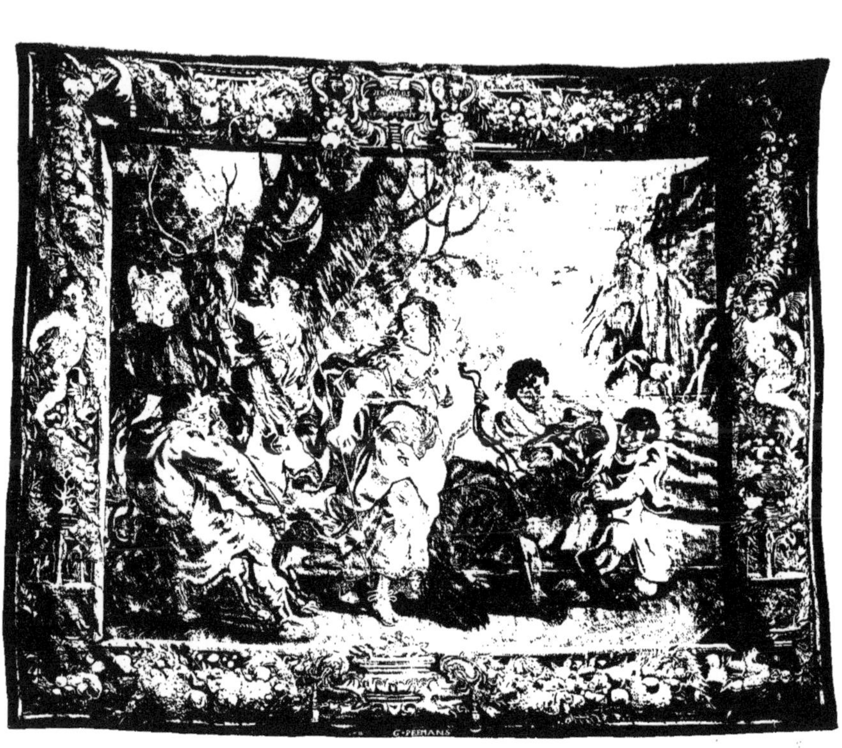
G·PEEMANS

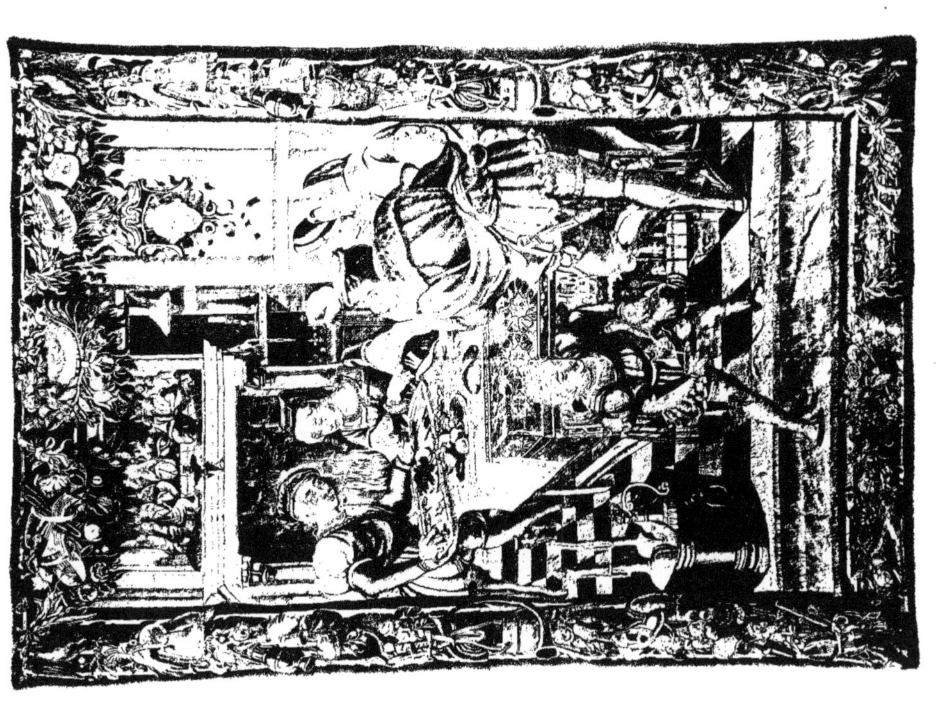

10 — Tapisserie du xvie siècle représentant des personnages jouant au tric-trac, dans une salle avec grande cheminée surmontée du sujet de la Descente du Saint-Esprit sur les apôtres.

Scène de cinq figures autour d'une table. Au premier plan, un page remplit une coupe; à gauche, à terre, un rafraîchissoir en cuivre contenant des flacons.

Jolie bordure composée de trophées d'instruments de musique, pièces d'armures, fleurs, guirlandes. En haut, un cartouche offrant deux mains liées et, au bas, un cœur percé de flèches.

Haut., 3 mètres; larg., 2 m. 15 cent.

11 — Tapisserie exécutée à Paris au commencement du xviie siècle, et faisant partie d'une suite de l'histoire de Télémaque. Celle-ci représente Télémaque abordant à l'île de Calypso, composition de cinq figures dont quatre occupent une embarcation.

Paysage avec grands arbres à droite, au premier plan, et perspective à gauche, sur un coteau boisé.

Belle bordure offrant, à la partie supérieure, les armoiries de Honoré, prince de Monaco (1599-1662) et, aux angles, la lettre H couronnée, chiffre de ce personnage; elle représente en outre des guirlandes soutenues par des aigles, des trophées de carquois, de flèches, d'arcs, d'épées et de fruits retenus par des rubans, avec médaillons la Force et la Paix sur les côtés, et la Justice dans un cartouche ovale à la partie inférieure.

Haut., 3 m. 70 cent. ; larg., 4 m. 55 cent.

12 — Tapisserie exécutée à Paris, au commencement du xviie siècle, dans les ateliers de François de la Planche (dont elle porte la marque), d'après un carton de Dubreuil.

Elle représente une *Chasse de Diane*, composition de sept figures de premier plan dans un paysage planté de grands arbres à droite et à gauche.

Au loin, dans la campagne, deux hommes poursuivant un cerf.

Elle est entourée d'une belle bordure à cartouches et médaillons offrant, aux angles, les emblèmes, des éléments reliés par des ornements feuillagés à d'autres motifs en grisaille représentant, sur les côtés, Hercule et Minerve et, haut et bas, un fleuve et une source.

Haut., 3 m. 90 cent.; larg., 4 mètres.

13 — Tapisserie d'Aubusson, du xviie siècle, représentant un parc avec grands arbres animés d'oiseaux ; à droite, la vue d'un château et d'un parterre orné d'une fontaine et d'une balustrade supportant deux vases de fleurs. Au premier plan, deux canards sur un cours d'eau. Bordure de fleurs et d'enroulements de rubans avec angles fleurdelisés.

Haut., 2 m 85 cent.; larg., 4 m. 05 cent.

14 — Portière en tapisserie, du xviie siècle, représentant une nymphe vêtue de jaune et de rose, présentant une corbeille de fleurs; plus loin, dans un paysage sillonné par une rivière, deux autres femmes près d'un arbre.

Bordure, haut et bas, à pampres et mascarons en camaïeu jaune sur fond bleu clair.

Haut., 2 m. 80 cent.; larg., 1 m. 05 cent.

15 — Fragment d'une tapisserie, du xve siècle, représentant le triomphe de la Divinité, sous les traits d'une femme couronnée, debout sur un char, et se détachant sur un soleil entouré de nuages. Près du char, à droite, saint Ambroise, debout, tenant un livre ; à ses pieds, une figure de la Chasteté.

Haut., 3 m. 05 cent., larg., 1 m. 75 cent.

16 — Petit panneau en tapisserie, de l'époque Louis XIII, représentant saint Jean l'Évangéliste, assis dans un paysage et écrivant. Bordure à guirlandes et enroulements de fleurs.

Haut., 1 m. 60 cent.; larg., 1 m. 40 cent.

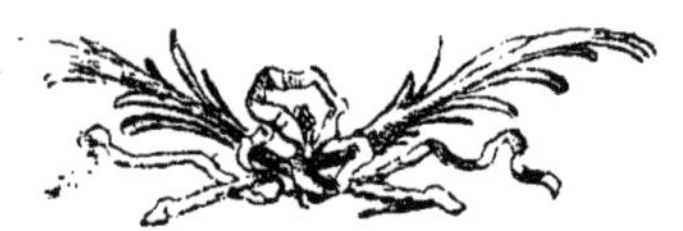

www.ingramcontent.com/pod-product-compliance
Ingram Content Group UK Ltd.
Pitfield, Milton Keynes, MK11 3LW, UK
UKHW020450180726
13839UKWH00004B/1735

9 782329 522883